мактаб - école	2
саёҳат - voyage	5
нақлиёт - transport	8
шаҳр - ville	10
ландшафт - paysage	14
тарабхона - restaurant	17
супермаркет - supermarché	20
нўшокиҳои - boissons	22
таъом - aliments	23
ферма - ferme	27
хона - maison	31
мехмонхона - salle de séjour	33
ошхона - cuisine	35
ҳамом - salle de bains	38
ҳуҷраи кўдакона - chambre d'enfant	42
либос - vêtements	44
идора - bureau	49
иқтисодиёт - économie	51
касбҳо - professions	53
асбобҳо - outils	56
асбобҳои мусиқӣ - instruments de musique	57
боғи ҳайвонот - zoo	59
варзиш - sports	62
фаъолият - activités	63
оила - famille	67
бадан - corps	68
бемористон - hôpital	72
ҳолати фавқулодда - urgence	76
замин - Terre	77
вақт - heure	79
ҳафта - semaine	80
сол - année	81
баст - formes	83
рангҳо - couleurs	84
мухолифат - opposés	85
ададҳо - nombres	88
забонҳо - langues	90
ки / чиро / тавр - qui / quoi / comment	91
дар кучо - où	92

Impressum
Verlag: BABADADA GmbH, Nedderfeld 112 , 22529 Hamburg
Geschäftsführer / Verlagsleitung: Harald Hof
Druck: Books on Demand GmbH, In de Tarpen 42, 22848 Norderstedt

Imprint
Publisher: BABADADA GmbH, Nedderfeld 112 , 22529 Hamburg, Germany
Managing Director / Publishing direction: Harald Hof
Print: Books on Demand GmbH, In de Tarpen 42, 22848 Norderstedt

мактаб
école

тақсим кардан
diviser

тахтаи синф
tableau

синф
salle de classe

саҳни мактаб
cour d'école

муаллим
enseignant

коғаз
papier

навиштан
écrire

ручка
stylo

мизи хатнависӣ
bureau de travail

чадвал
règle

китоб
livre

талаба
écolier

ҷузвдон
sac d'écolier

қаламдон
trousse

қалам
crayon

қаламтезкунак
taille-crayon

хаткуркунак
gomme à effacer

блокноти расмкашӣ
bloc de papier à dessin

расм
dessin

мӯқалами рассомӣ
pinceau

қуттии рангҳо
boîte de peintures

қайчӣ
ciseaux

ширеш
colle

дафтари машқ
cahier d'exercices

вазифаи хонагӣ
devoirs

рақам
chiffre

ҷамъ кардан
additionner

кам кардан
soustraire

зарб задан
multiplier

ҳисоб кардан
calculer

ҳарф
lettre

алфавит
alphabet

калима
mot

мактаб - école

матн
texte

хондан
lire

бӯр
craie

дарс
leçon

журнали синфӣ
le cahier de notes

имтиҳон
examen

шаходатнома
certificat

либоси мактабӣ
uniforme scolaire

таҳсил/маориф
éducation

энсиклопедия
encyclopédie

донишгоҳ
université

микроскоп (more frequently used)
microscope

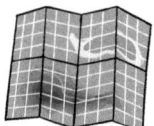
харита
carte

сабади партофҳои коғазӣ
corbeille à papier

мактаб - école

саёҳат
voyage

меҳмонхона
hôtel

хобгоҳ
auberge

нуқтаи мубодилаи асъор
bureau de change

чамадон
valise

мошин
voiture

забон
langue

ҳа / не
oui / non

Хуб
Okay

Ассалому алейкум
Allo!

тарҷумон
traducteur

Раҳмат
Merci

саёҳат - voyage

чӣ қадар аст ...?
Combien coûte...?

Ман намефаҳмам
Je ne comprends pas

проблема
problème

шаб ба хайр!
Bonsoir !

субҳ ба хайр
Bonjour !

шаби хуш
Bonne nuit !

хайр
bye bye

равона
direction

бағоҷ
bagages

ҷузвдон
sac

борхалта
sac à dos

меҳмон
invité

хона
pièce

хобхалта
sac de couchage

хайма
tente

маълумоти сайёҳӣ

bureau d'information touristique

соҳил

plage

корти кредитӣ

carte de crédit

наҳорӣ

déjeuner

хӯроки пешин

dîner

хӯроки шом

souper

чипта

billet

лифт

ascenceur

марка

timbre

сарҳад

frontière

Гумрук

douane

сафорат

ambassade

раводид

visa

шиносномa

passeport

саёҳат - voyage

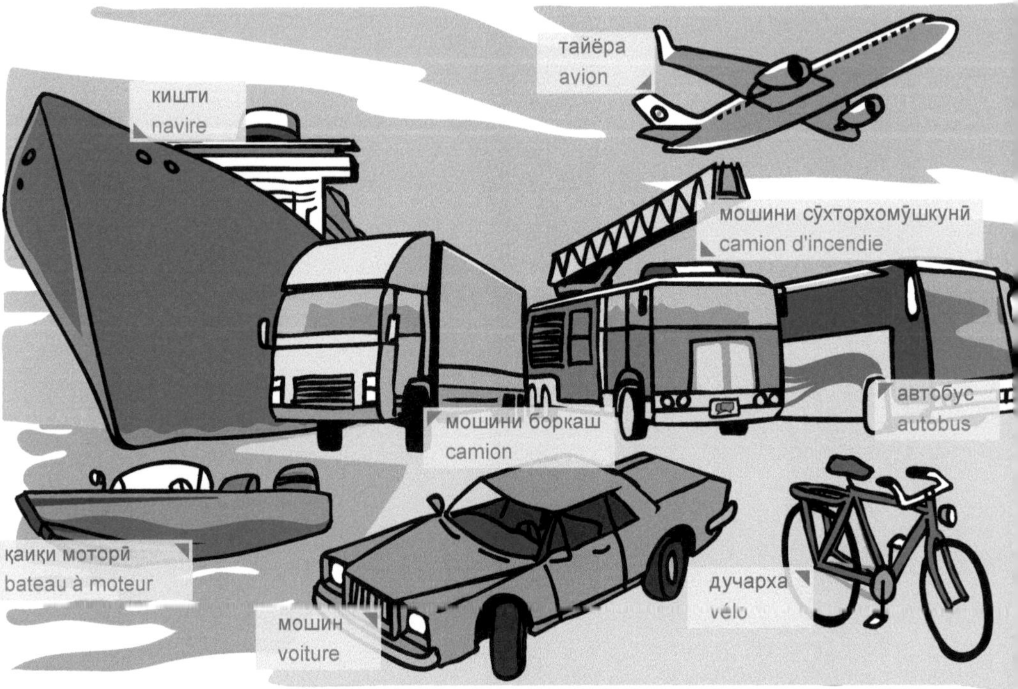

нақлиёт
transport

кишти
navire

тайёра
avion

мошини сӯхторхомӯшкунӣ
camion d'incendie

автобус
autobus

мошини боркаш
camion

қаиқи моторӣ
bateau à moteur

дучарха
vélo

мошин
voiture

паром

traversier

қаиқ

bateau

мотосикл

motocyclette

мошини полис

voiture de police

мошини тезрави пойгаи

voiture de course

кирояи мошинҳо

voiture de location

ҳамроҳ истифодабарии
мошин
autopartage

эвакуатор
dépanneuse

пawтовчамъкунӣ
camion à ordures

муҳаррик
moteur

сӯзишворӣ
carburant

нуқтаи фурӯши сӯзишворӣ
station-service

аломати роҳ
panneau de signalisation

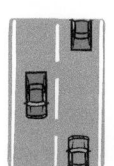

ҳаракат
circulation

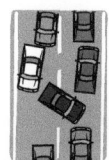

бандшавии ҳаракати роҳ
embouteillage

ҷои исти мошинҳо
parc de stationnement

истгоҳи роҳи оҳан
gare

роҳи оҳан
voies ferrées

қатора
train

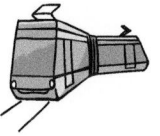

тамвай
tramway

вагон
wagon

нақлиёт - transport

чархбол
hélicoptère

фурудгоҳ
aéroport

манора
tour

мусофир
passager

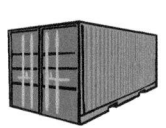

контейнер
conteneur

қутии картонӣ
boîte en carton

ароба
chariot

сабад
panier

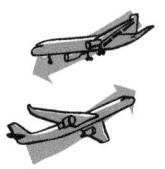

гирифтан / замин
décoller / atterrir

шаҳр
ville

деҳа
village

маркази шаҳр
centre-ville

хона
maison

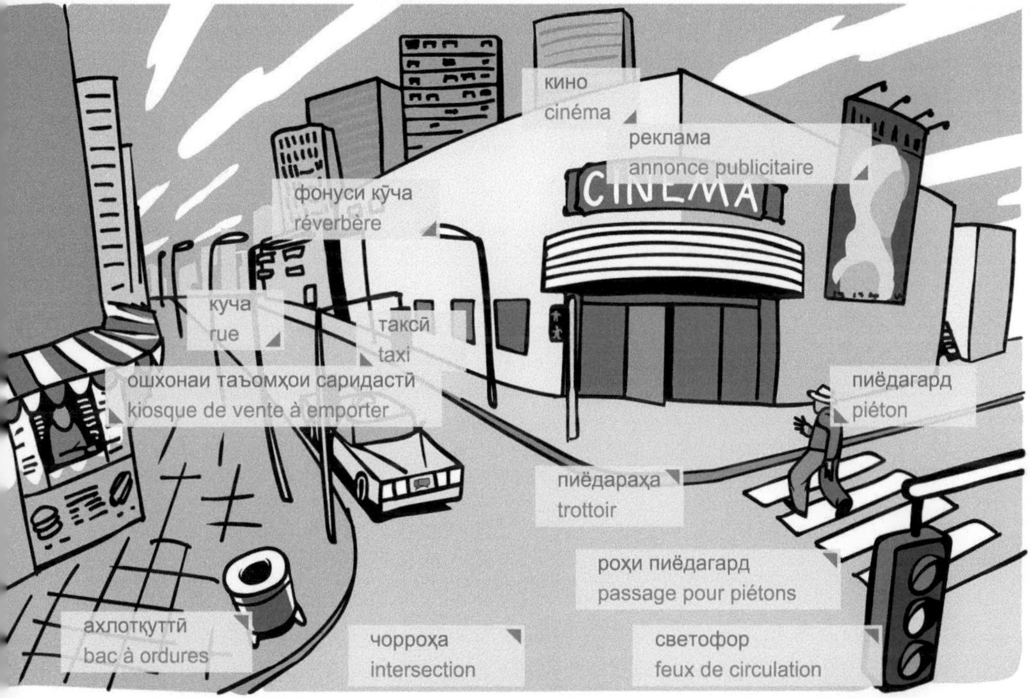

кино / cinéma

реклама / annonce publicitaire

фонуси кӯча / réverbère

куча / rue

такси / taxi

ошхонаи таъомҳои саридастӣ / kiosque de vente à emporter

пиёдагард / piéton

пиёдараҳа / trottoir

роҳи пиёдагард / passage pour piétons

ахлоткуттӣ / bac à ordures

чорроҳа / intersection

светофор / feux de circulation

кулба
cabane

ҳамвор
appartement

истгоҳи роҳи оҳан
gare

бинои маъмурияти шаҳр
hôtel de ville

осорхона
musée

мактаб
école

шаҳр - ville

донишгоҳ
université

бонк
banque

бемористон
hôpital

меҳмонхона
hôtel

доухона
pharmacie

идора
bureau

сехи китоб
librairie

сехи
magasin

мағозаи гулфурӯшӣ
fleuriste

супермаркет
supermarché

бозор
marché

универмаг
grand magasin

мағозаи моҳифурӯшӣ
poissonnerie

маркази савдо
centre commercial

бандар
port

шаҳр - ville

парк
parc

бонк
banc

пул
pont

зинапоя
escaliers

метро
métro

нақби
tunnel

истгоҳи автобус
arrêt d'autobus

бар
bar

тарабхона
restaurant

қуттии почта
boîte à lettres

аломати номи кӯчаҳо
plaque de rue

ҳисобкунаки исти мошинҳо
parcomètre

боғи ҳайвонот
zoo

ҳавзи шиноварӣ
bains publics

масҷид
mosquée

шаҳр - ville

ферма
ferme

ифлоскунӣ
pollution

қабристон
cimetière

калисо
église

майдончаи бозӣ
aire de jeux

маъбад
temple

ландшафт
paysage

барг
feuille

аломати роҳнамо
panneau indicateur

роҳ
chemin

алафзор
pré

санг
pierre

дарахт
arbre

сайёҳ
randonneur

дарё
rivière

алаф
herbe

гул
fleur

водӣ
vallée

кӯҳ
colline

кӯл
lac

беша
forêt

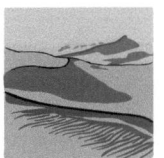
биёбон
désert

вулкан
volcan

қалъа
château

рангинкамон
arc-en-ciel

занбӯруғ
champignon

дарати нахл
palmier

хомӯшак
moustique

паридан
mouche

мурча
fourmi

занбур
abeille

тортанак
araignée

ландшафт - paysage

гамбӯсак
scarabée

қурбоққа
grenouille

санҷоб
écureuil

хорпушт
hérisson

харгӯш
lièvre

бум
chouette

паррандa
oiseau

мурғи қу
cygne

ӯқи ваҳшӣ
sanglier

оху
cerf

гавазн
orignal

сарбанд
barrage

турбина шамол
éolienne

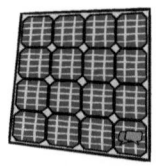
панел офтобӣ
panneau solaire

иқлим
climat

ландшафт - paysage

тарабхона
restaurant

пешхизмат
serveur

меню
menu

курсӣ
chaise

шӯрбо
soupe

Pizza
pizza

дастархон
nappe

асбобу анҷоми хӯрокхӯрӣ
coutellerie

стартер/корандоз
hors-d'œuvre

хӯроки асосӣ
plat principal

десерт
dessert

нӯшокиҳои
boissons

таъом
aliments

шиша
bouteille

тарабхона - restaurant

Хӯроки Тез Таёр мешуда

restauration rapide

хӯроки кӯчагӣ

cuisine de rue

чойник

théière

шакардон

sucrier

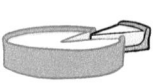

қисм/порча

part

мошини espresso

machine à expresso

курсии кӯдакона

chaise haute d'enfant

хисоб

facture

зарфмонак

plateau

корд

couteau

чангол

fourchette

қошуқ

cuillère

қошуқча

cuillère à thé

сачоқи қоғазӣ

serviette

истакон

verre

тарабхона - restaurant

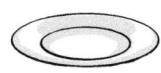

табақча
assiette

косача
assiette creuse

тақсимча
soucoupe

соус
sauce

намакдон
salière

мурчдон
moulin à poivre

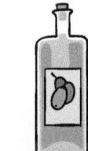

сирко
vinaigre

равғани растанӣ
huile

приправа
épices

кетчуп
ketchup

хардал
moutarde

майонез
mayonnaise

тарабхона - restaurant

супермаркет
supermarché

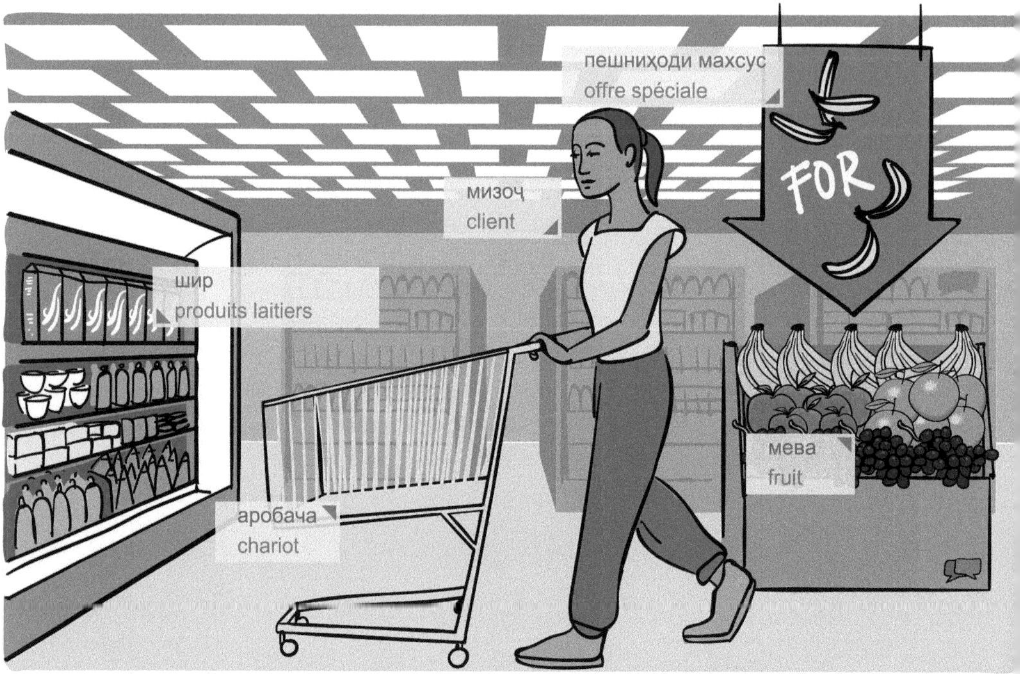

пешниҳоди махсус
offre spéciale
FOR
мизоҷ
client
шир
produits laitiers
мева
fruit
аробача
chariot

BUTCHERS

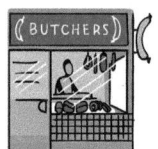

дукони гӯштфурӯшӣ

boucherie

BAKERY

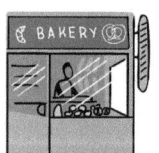

дукони нонфурӯшӣ

boulangerie

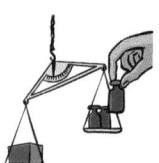

баркашидан

peser

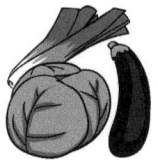

сабзавот

légumes

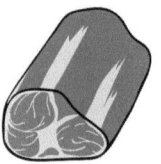

гӯшт

viande

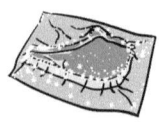

хӯроки яхбаста

aliments congelés

гилимҳои борик буридаи
гушт
viandes froides

озуқаворӣ
консервонидашуда
conserves

хокаи либосшӯй

détergent à lessive en
poudre

ширинӣ
sucreries

асбоби рӯзгор
produits d'entretien
ménager

воситаҳои тозакунанда
produits d'entretien

фурӯшанда
vendeuse

касса
caisse

кассир
caissier

рӯихати харидкунӣ
liste de provisions

соат ифтитоҳӣ
heures d'ouverture

ҳамён
portefeuille

корти кредитӣ
carte de crédit

чузда
sac

пакет
sac plastique

супермаркет - supermarché

нӯшокиҳои
boissons

об
eau

шарбат
jus

шир
lait

кола
cola

шароб
vin

оби ҷав
bière

машрубот
alcool

какао
cacao

чой
thé

қаҳва
café

эспрессо
expresso

каппучино
cappuccino

таъом
aliments

банан
banane

себ
pomme

норанҷӣ
orange

харбуза
melon d'eau

лимӯ
citron

сабзӣ
carotte

сир
ail

бамбук
bambou

пиёз
oignon

занбӯруғ
champignon

чормағз
noix

угро
nouilles

спагеттӣ
spaghettis

биринҷ
riz

салат
salade

картошкаи қоқақ
frites

картошкабирён
pommes de terre sautées

Pizza
pizza

гамбургер
hamburger

бутерброд
sandwich

шнитсел
escalope

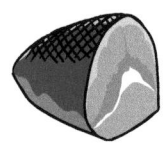
гӯшти намакардаи хук
jambon

ҳасиби салямӣ
salami

ҳасиб
saucisse

мурғ
poulet

кабоб
rôti

моҳӣ
poisson

таъом - aliments

ярмаи ҷав
gruau d'avoine

омехтаи ғалладонагӣ
muesli

ярмаи ҷуворимакка
flocons de maïs

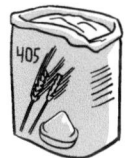

орд
farine

кулчақанд
croissant

кулчақанд
petit pain

нон
pain

як порча нони бирён
rôtie

кулчачаҳои қандин
biscuits

маска
beurre

творог
caillé

пирог
gâteau

тухм
œuf

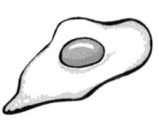

тухм бирён
œuf miroir

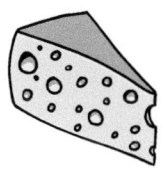

панир
fromage

таъом - aliments

яхмос — crème glacée

шакар — sucre

асал — miel

мураббо — confiture

хамираи ҳалво — crème de nougat

Curry — cari

таъом - aliments

ферма
ferme

хонаи деҳот / ferme
анборхона / grange
тойи коҳ / ballot de paille
дашт / champ
асп / cheval
ядак / remorque
трактор / tracteur
тойча / poulain
хар / âne
гӯсфанд / mouton
баррача / agneau

буз
chèvre

гов
vache

гӯсола
veau

хук
porc

хукча
porcelet

буққа
taureau

қоз — oie
мурғобӣ — canard
чӯҷа — poussin

мурғ — poule
хурӯс — coq
каламуш — rat

гурба — chat
муш — souris
барзагов — bœuf

саг — chien
хоначаи саг — niche
рӯдаи резинӣ — tuyau d'arrosage

камобӣ метавонад — arrosoir
дос — FALSE
сипори шудгоркунии замин — charrue

ферма - ferme

доси	каланд	панҷшоха
faucille	binette	fourche à foin

табар	ароба	охур
hache	brouette	auge

зарфи ширгирӣ	халта	девор
pot à lait	grand sac	clôture
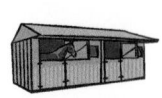	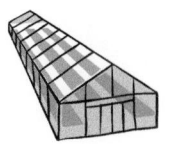	
мӯътадил	гармхона	хок
écurie	serre	sol

тухмӣ	нуриҳо	комбайни ғаллағундорӣ
graines	engrais	moissonneuse-batteuse

ферма - ferme

ҳосил
récolter

ҳосил
récolte

yams
igname

гандум
blé

лубиж
soja

картошка
pomme de terre

чуворй
maïs

донаи маъсар
graine de colza

дарахти мева
arbre fruitier

manioc
manioc

ғалладона
grains

ферма - ferme

хона
maison

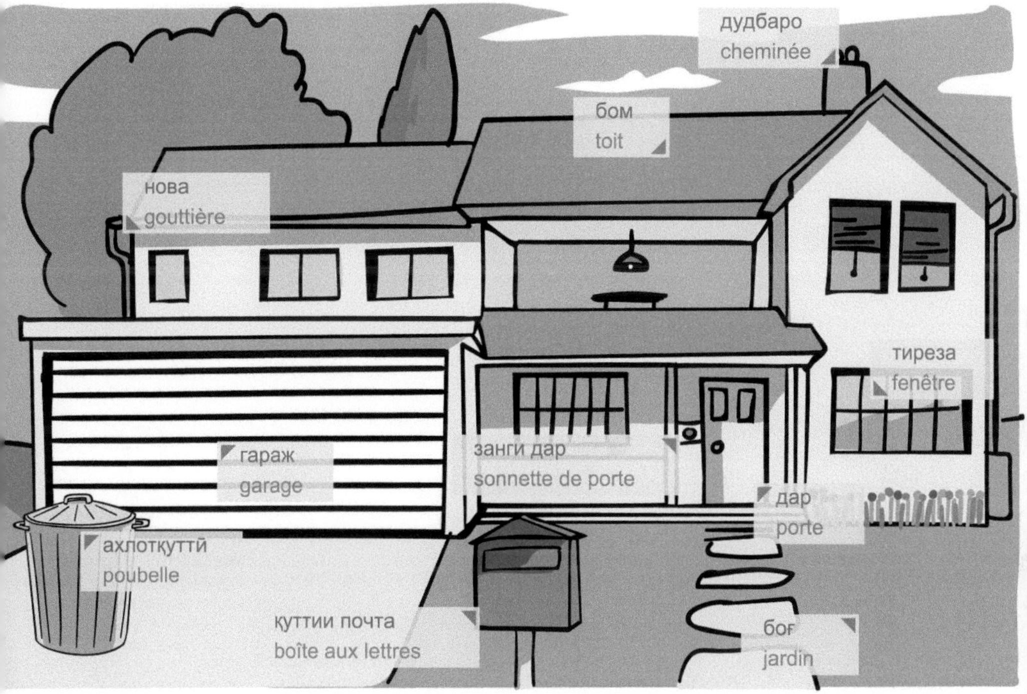

- дудбаро / cheminée
- бом / toit
- нова / gouttière
- тиреза / fenêtre
- гараж / garage
- занги дар / sonnette de porte
- дар / porte
- ахлотқуттӣ / poubelle
- қуттии почта / boîte aux lettres
- боғ / jardin

меҳмонхона
salle de séjour

ҳамом
salle de bains

ошхона
cuisine

хонаи хоб
chambre à coucher

ҳуҷраи кӯдакона
chambre d'enfant

ошхона
salle à manger

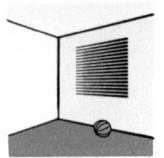

ошёна

plancher

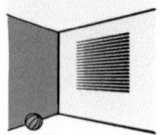

девор

mur

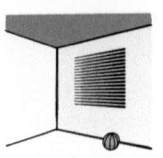

шифт

plafond

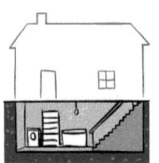

тагзаминӣ

cellier

сауна

sauna

балкон

balcon

суфача

terrasse

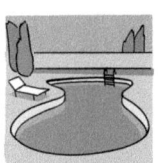

ҳавз

piscine

мошини алафдарав

tondeuse à gazon

варақ

drap

кампал

jeté de lit

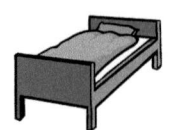

кат

lit

ҷорӯб

balai

сатил

seau

калид

interrupteur

хона - maison

мехмонхона
salle de séjour

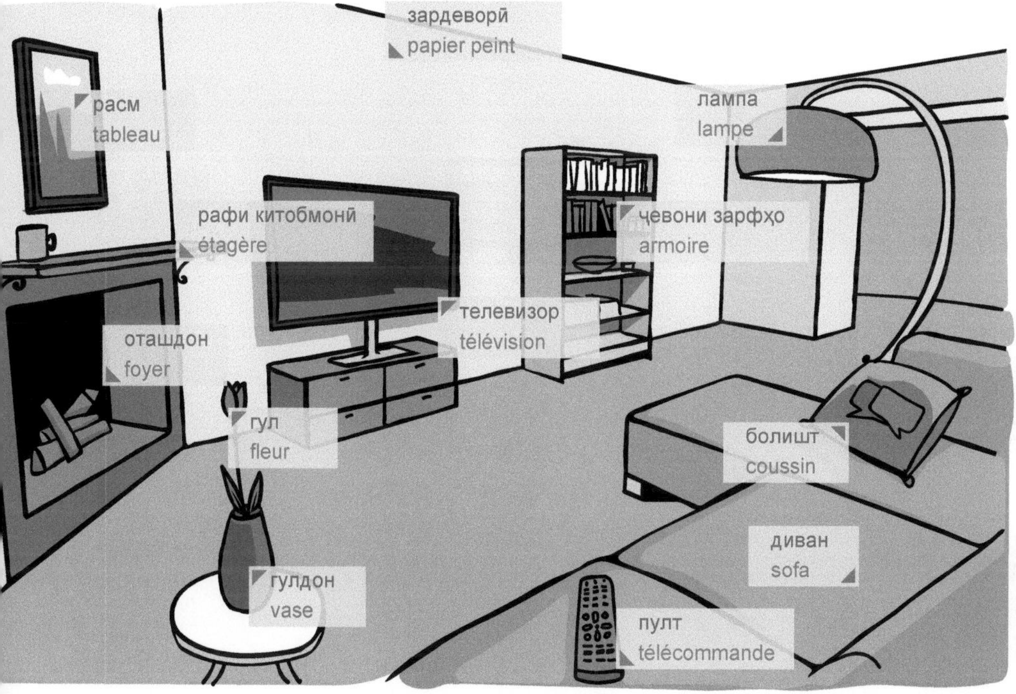

зардеворӣ
papier peint

расм
tableau

лампа
lampe

рафи китобмонӣ
étagère

чевони зарфҳо
armoire

оташдон
foyer

телевизор
télévision

гул
fleur

болишт
coussin

гулдон
vase

диван
sofa

пулт
télécommande

қолин

tapis

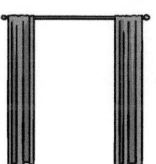

парда

rideau

мизи

table

курсӣ

chaise

rocking кафедраи

berceuse

курсӣ

fauteuil

китоб
livre

курпа
couverte

ороиш
décoration

ҳезум
bois de chauffage

филм
film

дастгоҳи hi-fi
chaîne hi-fi

калид
clé

рӯзнома
journal

расм
peinture

эълон
affiche

радио
radio

китобчаи қайдҳо
bloc-notes

чангкашак
aspirateur

кактус
cactus

шам
chandelle

меҳмонхона - salle de séjour

ошхона
cuisine

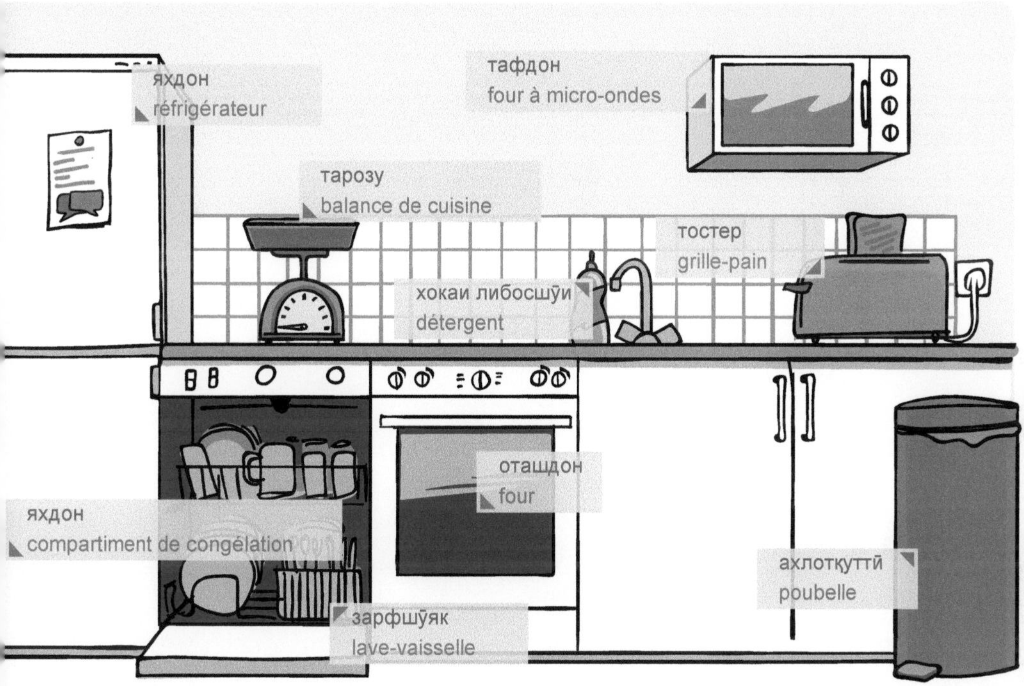

- яхдон — réfrigérateur
- тафдон — four à micro-ondes
- тарозу — balance de cuisine
- хокаи либосшӯи — détergent
- тостер — grille-pain
- яхдон — compartiment de congélation
- оташдон — four
- ахлоткуттӣ — poubelle
- зарфшӯяк — lave-vaisselle

плита
cuisinière

тубак
marmite

дег
cocotte en fonte

дег / кадӣ
wok / kadai

тоба
poêle

чойник
bouilloire

ошхона - cuisine

steamer

cuiseur à vapeur

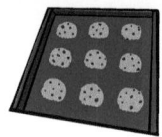

лист

plaque à pâtisserie

зарф

vaisselle

кружка

grande tasse

коса

bol

чубаки хурокхӯрӣ

baguettes

кафлези

louche

кафлези ҳамвор

spatule

whisk

fouet

strainer

passoire

элак

tamis

турбтарошак

râpe

миномет

mortier

Кабоб Кардан

barbecue

оташ кушод

foyer

ошхона - cuisine

тахтаи резакунӣ
planche à découper

чӯба
rouleau à pâtisserie

пӯккашак
tire-bouchon

банка
boîte à conserves

консервокушояк
ouvre-boîte

дастак
mitaine de four

дастшӯяк
évier

чӯтка
brosse

исфанч
éponge

блендер
mélangeur

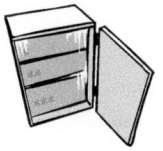
сармодон
congélateur

шишача
biberon

чумак
robinet

ошхона - cuisine

37

ҳамом
salle de bains

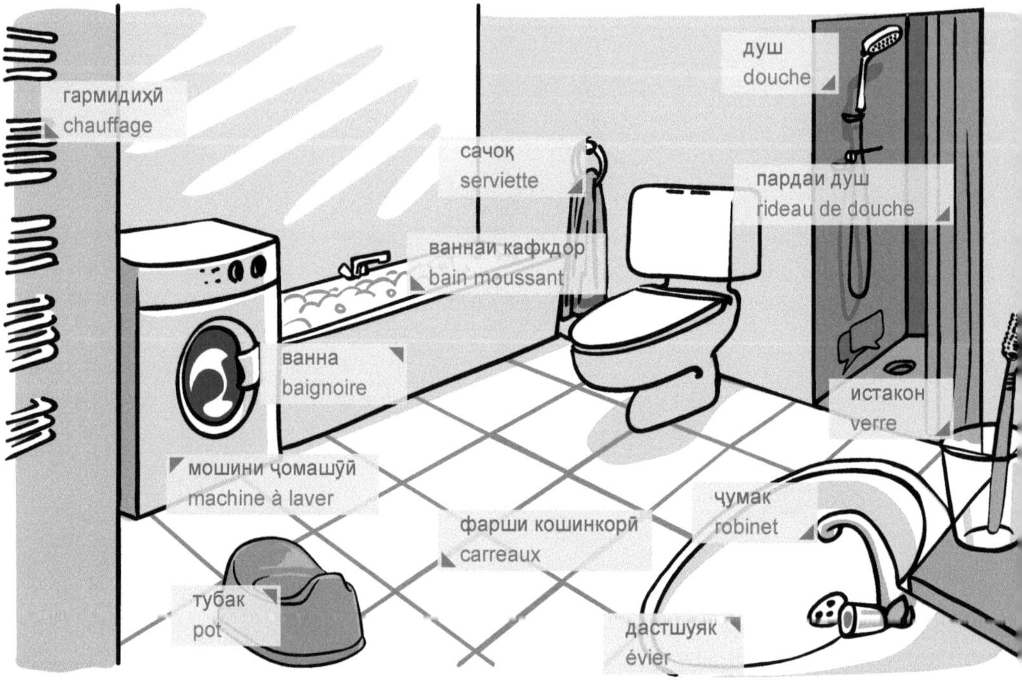

душ
douche

гармидиҳӣ
chauffage

сачоқ
serviette

пардаи душ
rideau de douche

ваннаи кафкдор
bain moussant

ванна
baignoire

истакон
verre

мошини ҷомашӯӣ
machine à laver

фарши кошинкорӣ
carreaux

чумак
robinet

тубак
pot

дастшуяк
évier

ҳоҷатхона

toilette

нишастгоҳи ҳалоҷои рӯйфаршӣ

toilette turque

биде

bidet

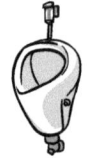

ҳоҷатхонаи мардона

urinoir

коғази ташноб

papier hygiénique

чӯткаи ҳоҷатхона

brosse à toilette

дандоншӯяк
brosse à dents

хамираи дандоншӯи
dentifrice

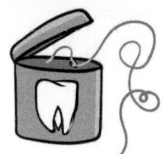
риштаи дандонтозакунӣ
soie dentaire

шӯстан
laver

души дастӣ
douchette

обшӯй
douche vaginale

ҳавза
cuvette

шона кардани мӯй
brosse pour le dos

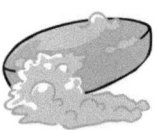
собун
savon

гел барои душ
gel douche

шампун
shampoing

бумазӣ
débarbouillette

заҳкаш
drain

крем
crème

дезодорант
déodorant

ҳамом - salle de bains

оина
miroir

оинаи дастӣ
miroir à main

риштарошаки барқӣ
rasoir

кафк барои риштарошӣ
mousse à raser

оби мушкини баъди риштарошӣ
après-rasage

шона
peigne

чӯтка
brosse

мӯйхушкунак
sèche-cheveux

лак барои мӯй
laque

косметика
maquillage

лабсурхкунак
rouge à lèvres

лок барои нохун
vernis à ongles

пахта
ouate

қайчии нохунгирӣ
ciseaux à ongles

атриёт
parfum

40 ҳамом - salle de bains

ҷузвдони косметики

trousse de toilette

қазои ҳоҷат

tabouret

тарозу

pèse-personne

хилъат

peignoir

дастпӯшак резина

gants de caoutchouc

тампон

tampon

дастмоли санитарӣ

serviette hygiénique

био-ҳоҷатхона

toilette chimique

ҳамом - salle de bains

ҳуҷраи кӯдакона
chambre d'enfant

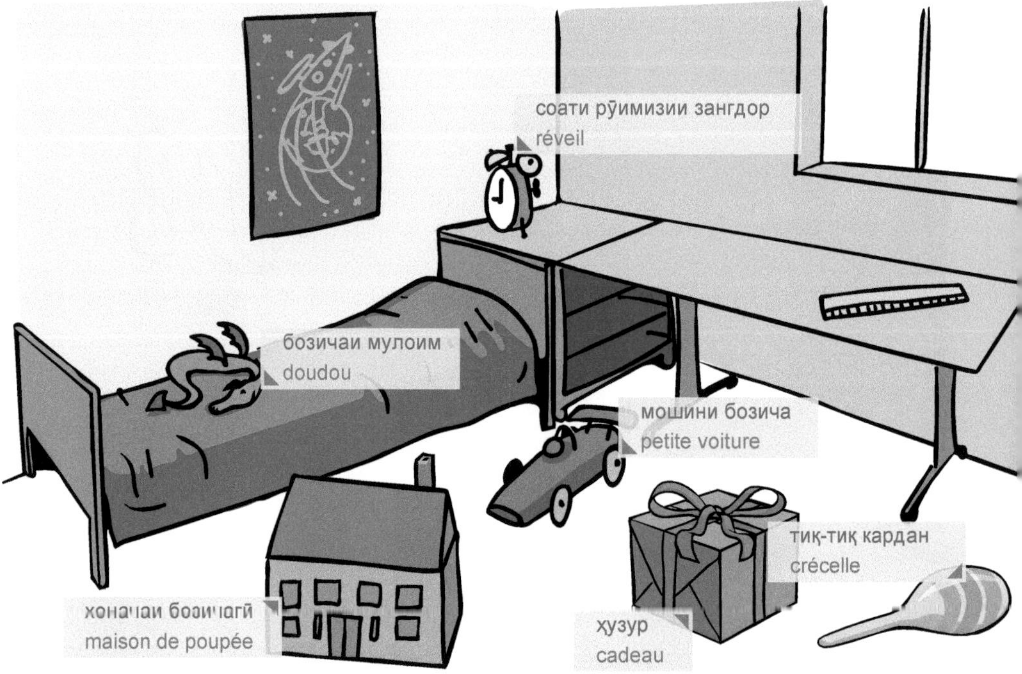

соати рӯимизии зангдор
réveil
бозичаи мулоим
doudou
мошини бозича
petite voiture
тиқ-тиқ кардан
crécelle
хоначаи бозичагӣ
maison de poupée
ҳузур
cadeau

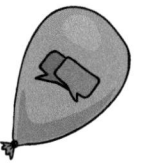

пуфак

ballon

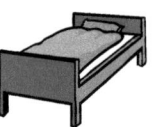

кат

lit

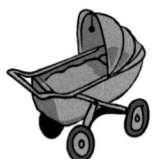

аробочаи кудакона

landau

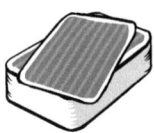

маҷмӯи кортҳо

jeu de cartes

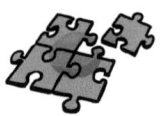

бозии муамоёбӣ

casse-tête

SUPER MEGA

комикс

bande dessinée

хиштҳои лего
blocs LEGO

мағозаи бозичафурӯхтан
jeu de briques

рақам амал
figurine articulée

либоси ғаваккашӣ
dormeuse

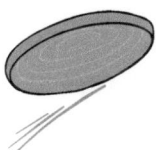
фрисби
disque volant

мобилӣ
mobile

лавҳачаи бозӣ
jeu de société

кубик
dé

маҷмӯи модели қатора
ensemble de modèles de train

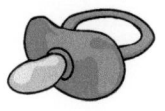
пистонак
mannequin

ҳизб
fête

китоби расм
livre d'images

тӯб
balle

лӯхтак
poupée

бози кардан
jouer

ҳуҷраи кӯдакона - chambre d'enfant

қуттии рег
bac à sable

арғунчак
balançoire

бозича
jouets

консоли бозиҳои видеой
console de jeu vidéo

велосипеди сечарха
tricycle

хирсаки бахмалии патдор
ours en peluche

чевон
garde-robe

либос
vêtements

ҷуроб
chaussettes

ҷуроби соқбаланд
bas

колготки
collant

гарданпеч
écharpe

чатр
parapluie

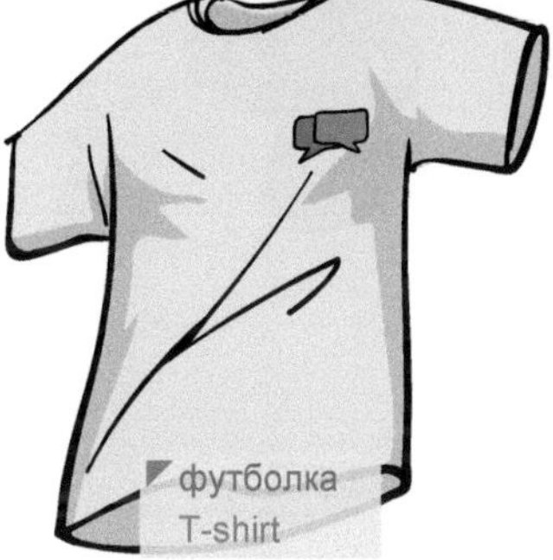

футболка
T-shirt

тасма
ceinture

пойафзол
bottes

шиппак
pantoufles

кроссовки
chaussures de sport

босоножкй
sandales

пойафзол
souliers

музаи резинй
bottes de caoutchouc

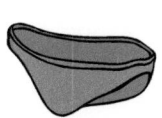

турсй
sous-vêtements

синабанд
soutien-gorge

майка
gilet

либос - vêtements

бадан
body

шим
pantalon

чинс
jean

юбка
jupe

куртаи нимтаи занона
chemisier

курта
chemise

свитер
chandail

свитер
chandail à capuche

пичак
blazer

нимтана
veste

палто
manteau

плаш
manteau de pluie

костюм
complet

куртаи занона
robe

либос тӯйи
robe de mariée

либос - vêtements

костюм
tailleur

куртаи хоб
chemise de nuit

пижама
pyjama

Сари
sari

рӯймол
foulard

салла
turban

ниқобу
burqa

кафтан
cafetan

абая
abaya

либоси обозӣ
maillot de bain

эзорчаи шиноварии мардона
maillot short

шорти
culotte courte

либоси варзишӣ
survêtement

пешбанд
tablier

дастпӯшак
mitaines

либос - vêtements

тугма
bouton

айнак
lunettes

дастпона
bracelet

гарданбанд
collier

ангуштарин
bague

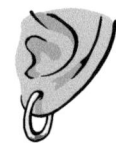

гӯшвора
boucle d'oreille

кулоҳ
tuque

либосовезак
cintre

кулоҳ
chapeau

галстук
cravate

занҷирак
fermeture à glissière

тоскулоҳ
casque

шимбардор
bretelles

либоси мактабӣ
uniforme scolaire

либоси
uniforme

либос - vêtements

пешгир
bavoir

пистонак
mannequin

подгузник
couche

идора
bureau

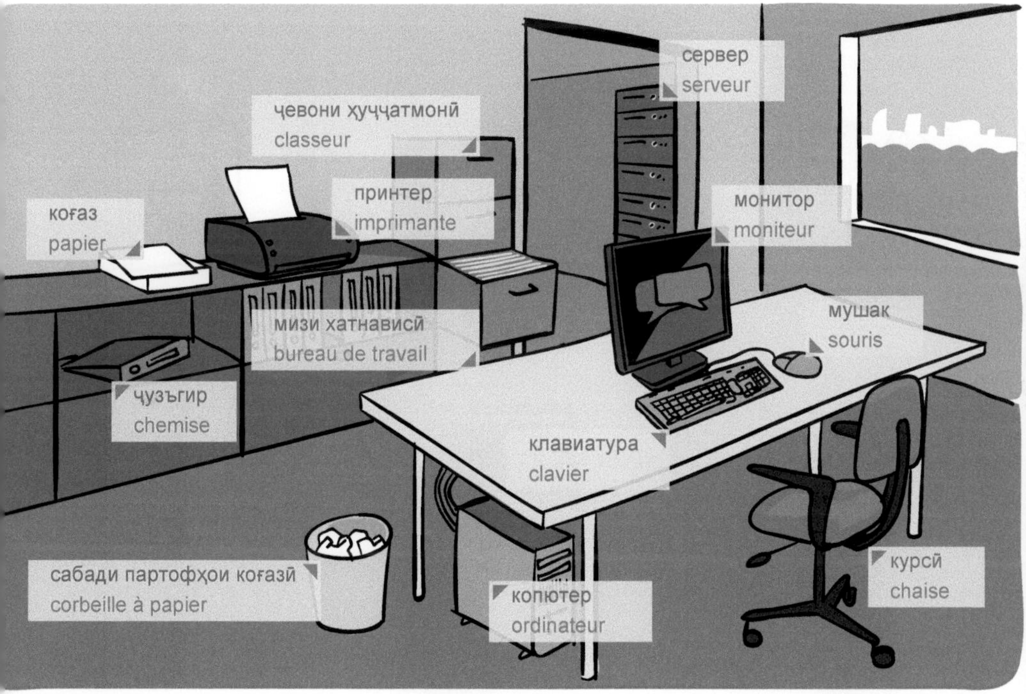

- коғаз — papier
- чевони ҳуҷҷатмонӣ — classeur
- принтер — imprimante
- сервер — serveur
- монитор — moniteur
- мушак — souris
- мизи хатнависӣ — bureau de travail
- чузъгир — chemise
- клавиатура — clavier
- сабади партофҳои коғазӣ — corbeille à papier
- компютер — ordinateur
- курсӣ — chaise

кружкаи қаҳванӯшӣ
grande tasse à café

калкулятор
calculatrice

интернет
Internet

ноутбук
ordinateur portable

мактуб
lettre

хабар
message

телефони мобилӣ
téléphone cellulaire

шабака
réseau

нусхабардор
photocopieur

нармафзор
logiciel

телефон
téléphone

розетка
prise de courant

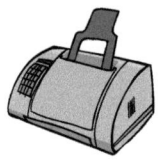
факс
télécopieur

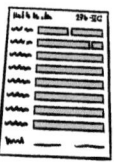
шакл
formulaire

хуччат
document

идора - bureau

иқтисодиёт
économie

харидан

acheter

пардохт

payer

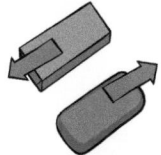

савдо

commercer

пул

argent

доллар

dollar

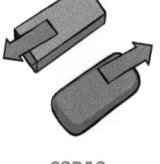

евро

euro

йен

yen

рубл

rouble

франки швейцариягӣ

franc suisse

юан

renminbi yuan

рупӣ

roupie

нуқтаи нақд

distributeur de billets

нуқтаи мубодилаи асъор

bureau de change

тилло

or

нуқра

argent

равғани растанӣ

pétrole

энерги

énergie

нарх

prix

шартнома

contrat

андоз

taxe

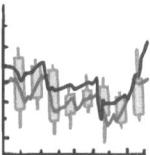

саҳмия

actions

кор

travailler

хизматчӣ

employé

соҳибкор

employeur

завод

usine

сехи

magasin

иқтисодиёт - économie

касбҳо
professions

- корманди полис / agent de police
- сӯхторхомушкун / pompier
- ошпаз / cuisinier
- духтур / docteur
- халабон / pilote

боғбон
jardinier

чӯбтарош
charpentier

дӯзанда
couturier

судя
juge

кимиёшинос
pharmacien

актер
acteur

касбҳо - professions

ронандаи автобус
chauffeur d'autobus

таксист
chauffeur de taxi

моҳигир
pêcheur

фаррошзан
femme de ménage

устои бомпӯш
couvreur

пешхизмат
serveur

шикорчӣ
chasseur

расом
peintre

нонвой
boulanger

барқ
électricien

сохтмончӣ
constructeur de bâtiments

инженер
ingénieur

қассоб
boucher

устои шабакаи об
plombier

хаткашон
facteur

касбҳо - professions

сарбоз
soldat

меъмор
architecte

кассир
caissier

гулфурӯш
fleuriste

сартарош
coiffeur

кондуктор
chef de train

механик
mécanicien

капатан
capitaine

духтури дандон
dentiste

олим
scientifique

хохом
rabbin

имом
imam

шайх
moine

саркоҳин
ecclésiastique

касбҳо - professions

асбобҳо
outils

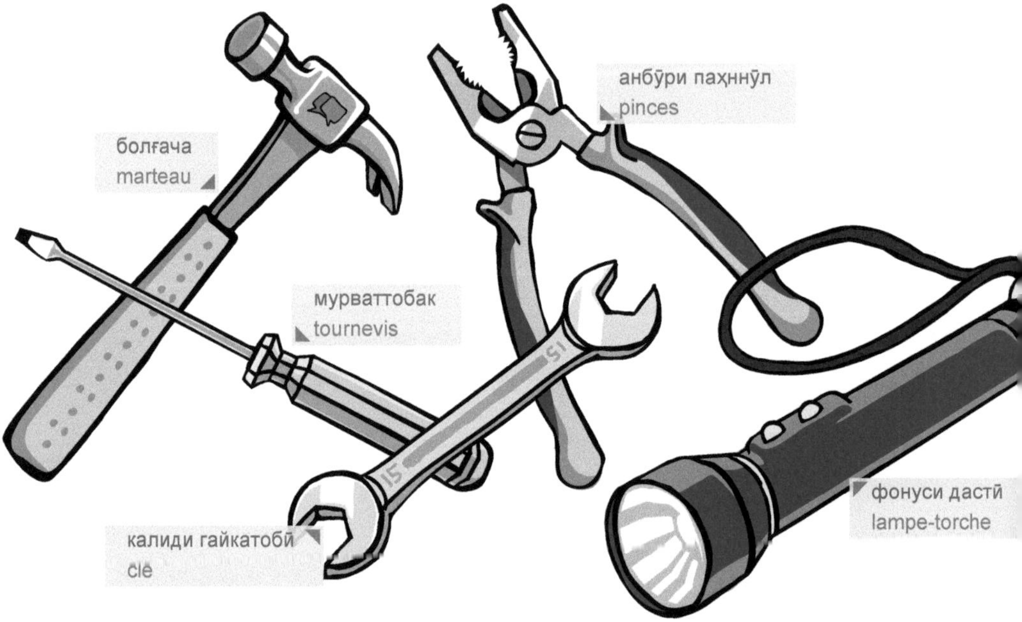

болғача / marteau

анбӯри паҳннӯл / pinces

мурваттобак / tournevis

калиди гайкатобӣ / clé

фонуси дастӣ / lampe-torche

экскаватор
excavatrice

қутии асбобҳо
boîte à outils

зинапоя
échelle

арра
scie

мехҳо
clous

пармаи электрикӣ
perceuse

таъмир
réparer

бел
pelle

Сабил монад!
tabarnouche

белчаи хокрӯбагирӣ
pelle à poussière

сатили ранг
pot de peinture

мехи печдор
vis

асбобҳои мусиқӣ
instruments de musique

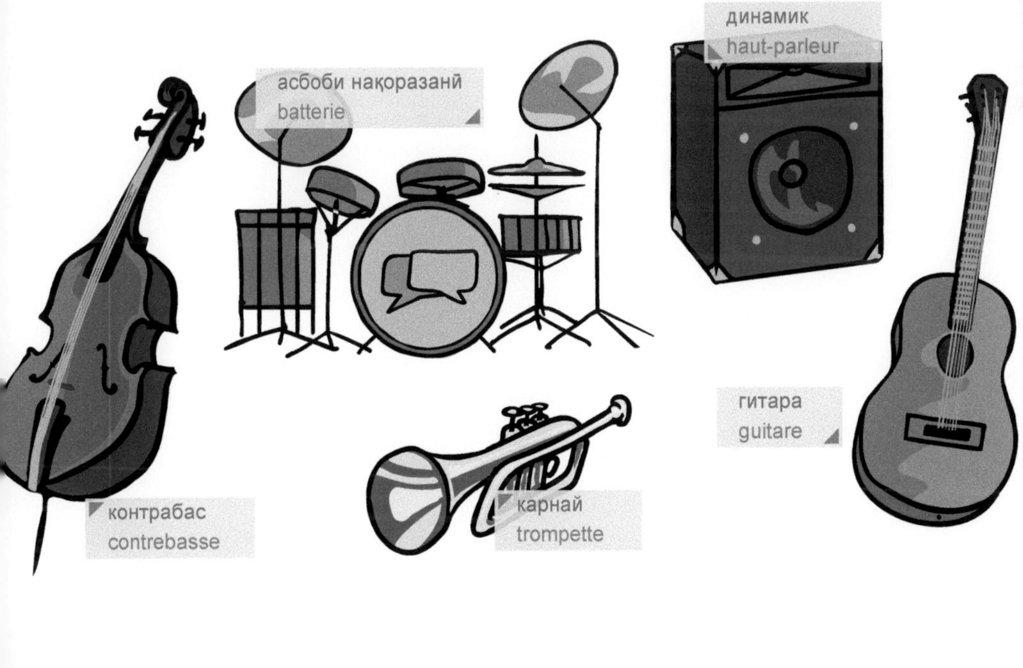

асбоби нақоразанӣ
batterie

динамик
haut-parleur

гитара
guitare

контрабас
contrebasse

карнай
trompette

пианино
piano

ғиччак
violon

бас-гитара
basse

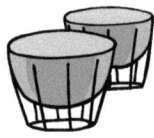
нақораи поядор
timbales

нақора
tambour

клавиатура
synthétiseur

саксофон
saxophone

най
flûte

баландгӯяк
microphone

асбобҳои мусиқӣ - instruments de musique

боғи ҳайвонот
ZOO

паланг / tigre

қафас / cage

гӯрхар / zèbre

хӯроки чорво / nourriture pour animaux

даромад / entrée

панда / panda

ҳайвонот
animaux

фил
éléphant

кенгуру
kangourou

каркадан
rhinocéros

горилла
gorille

хирси бӯр
ours

шутур
chameau

шутурмурғ
autruche

шер
lion

маймун
singe

бутимор
flamand rose

тӯти
perroquet

хирси сафед
ours polaire

пингвин
pingouin

наҳанг
requin

товус
paon

мор
serpent

тимсоҳ
crocodile

посбон
gardien de zoo

сил
phoque

ягуар
jaguar

аспи кӯтоҳқад

poney

леопард

léopard

баҳмут

hippopotame

заррофа

girafe

уқоб

aigle

хуки ваҳшӣ

sanglier

моҳӣ

poisson

сангпушт

tortue

морж

morse

рӯбоҳ

renard

ғизол/оху

gazelle

варзиш
sports

футболи амрикои / football américain
велосипедронӣ / cyclisme
теннис / tennis
баскетбол / basketball
шиноварӣ / natation
бокс / boxe
хоккей / hockey sur glace

футбол / soccer
бадминтон / badminton
атлетика / athlétisme
гандбол / handball
лижаронӣ / ski
тӯббозӣ бо асп / polo

фаъолият
activités

паридан / sauter

оғӯш гирифтан / serrer dans les bras

ханда / rire

пиёда рафтан / marcher

шеър хондан / chanter

орзӯ кардан / rêver

ибодат кардан / prier

бӯса кардан / embrasser

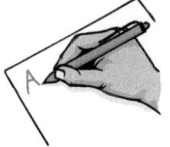

навиштан

écrire

кашидан

dessiner

нишон додан

montrer

тела додан

pousser

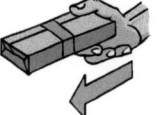

додан

donner

гирифтан

prendre

доранд
avoir

кор
faire

бошад
être

истодан
être debout

давидан
courir

кашидан
tirer

партофтан
jeter

афтидан
tomber

дароз кашидан
s'allonger

интизор шудан
attendre

бардошта бурдан
porter

нишастан
s'asseoir

либос пӯшидан
s'habiller

хобин
dormir

бедор шудан
se réveiller

фаъолият - activités

нигоҳ кардан

regarder

гиря кардан

pleurer

сила кардан

caresser

шона

peigner

гап задан

parler

фаҳмидан

comprendre

пурсидан

demander

гӯш кардан

écouter

нӯштдан

boire

хӯрдан

manger

ғундоштан

ranger

ишқ

aimer

ошпаз

cuisiner

рондан

conduire

парвоз кардан

voler

фаъолият - activités

бо бодбон ҳаракат кардан
faire de la voile

ҳисоб кардан
calculer

хондан
lire

омӯхтан
apprendre

кор
travailler

оиладор шудан
se marier

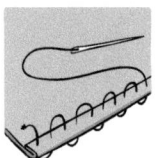
дӯхтан
coudre

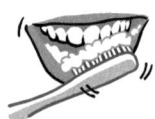
дадон шӯстан
brosser les dents

куштан
tuer

дуд
fumer

фиристодан
envoyer

фаъолият - activités

оила
famille

биби / grand-mère
бобо / grand-père
падар / père
модар / mère
кӯдак / bébé
хоҳар / fille
писар / fils

меҳмон

invité

хола

tante

амак

oncle

бародар

frère

хоҳар

sœur

оила - famille

бадан
corps

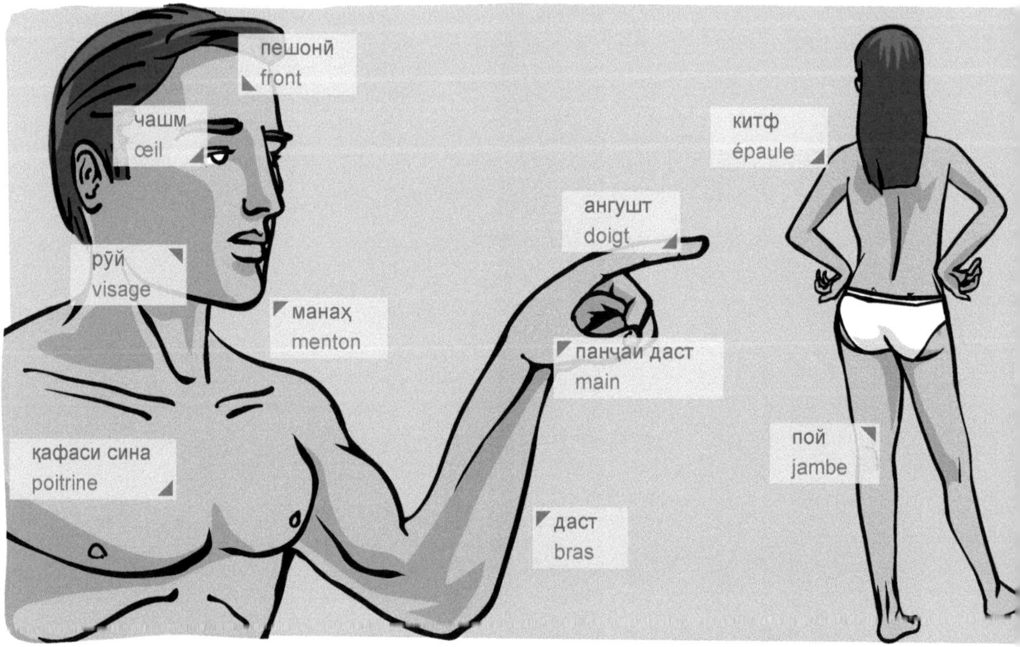

- пешонӣ / front
- чашм / œil
- рӯй / visage
- манаҳ / menton
- қафаси сина / poitrine
- китф / épaule
- ангушт / doigt
- панҷаи даст / main
- пой / jambe
- даст / bras

кӯдак
bébé

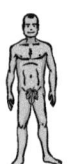

мард
homme

зан
femme

духтар
fille

писар
garçon

сар
tête

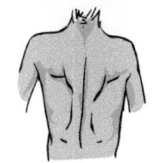
пушт
dos

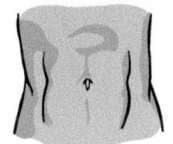
шикам
ventre

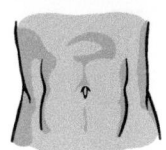
ноф
nombril

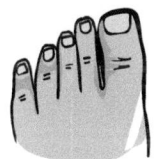
ангушти пой
orteil

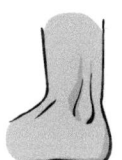
пошнаи пой
talon

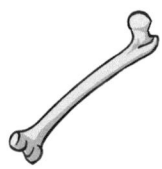
устухон
os

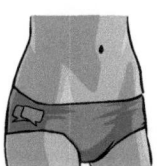
рон
hanche

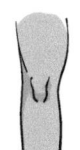
зону
genou

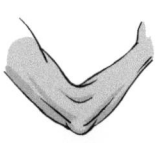
оринҷ
coude

бинӣ
nez

таг
derrière

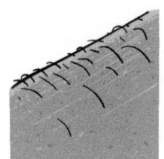
пӯст
peau

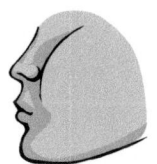
рухсора
joue

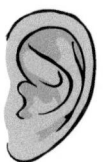
гӯш
oreille

лаб
lèvre

бадан - corps

даҳон
bouche

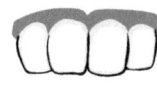
дадон
dent

забон
langue

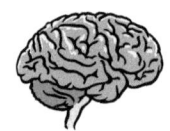
майнаи сар
cerveau

дил
cœur

мушак
muscle

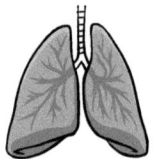
шуш
poumon

ҷигар
foie

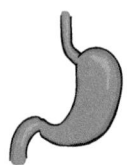
меъда
estomac

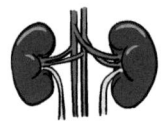
гурдаҳо
reins

алоқаи ҷинсӣ
rapport sexuel

рифола
condom

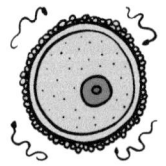
тухмҳуҷайра
ovule

нутфа
sperme

ҳомиладорӣ
grossesse

бадан - corps

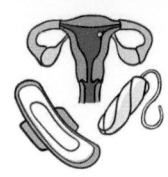

ҳайз
menstruation

маҳбал
vagin

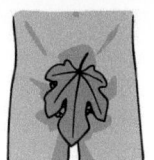

кер
pénis

абрӯ
sourcil

мӯй
cheveux

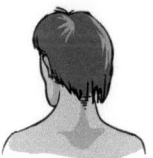

гардан
cou

бемористон
hôpital

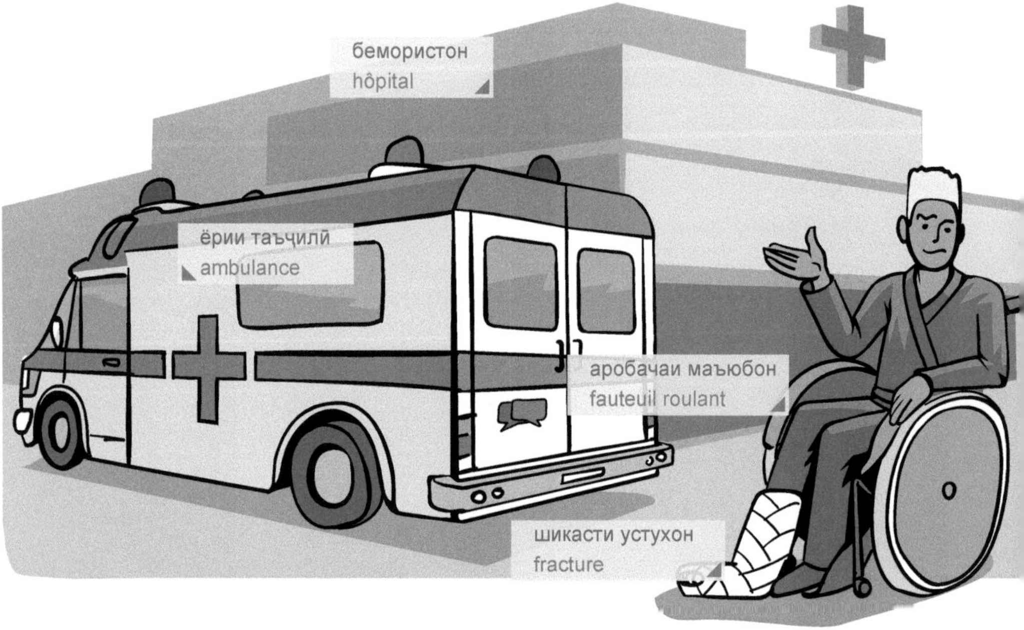

бемористон
hôpital

ёрии таъҷилӣ
ambulance

аробачаи маъюбон
fauteuil roulant

шикасти устухон
fracture

духтур
docteur

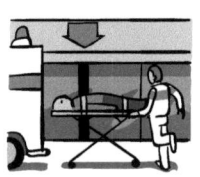

ҳуҷраи ёрии фаврӣ
salle des urgences

ҳамшираи тиббӣ
infirmier

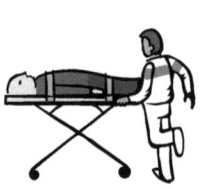

ҳолати фавқулодда
urgence

беҳуш
inconscient

дард
douleur

чароҳат
blessure

хунравӣ
saignement

дилзанак
crise cardiaque

сактаи майна
AVC

аллергия
allergie

сулфа
toux

табларза
fièvre

грипп
grippe

шикамравӣ
diarrhée

сардард
mal de tête

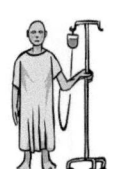
саратон
cancer

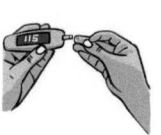
диабет
diabète

ҷарроҳ
chirurgien

скалпел
scalpel

ҷарроҳӣ
opération

бемористон - hôpital

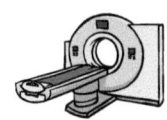
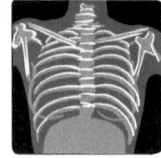
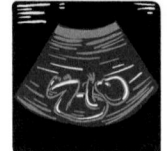

Томографияи компютерӣ / tomodensitométrie

шӯъои ренгенӣ / radiographie

ултрасадо / ultrason

ниқоби рӯй / masque

беморӣ / maladie

ҳуҷраи интизорӣ / salle d'attente

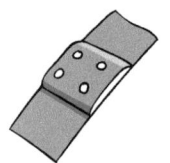

асобағал / béquille

марҳам / sparadrap

дока / bandage

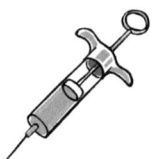
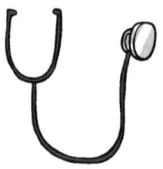
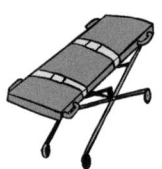

сӯзандору / injection

стетоскоп / stéthoscope

занбар / brancard

ҳароратсанҷ / thermomètre médical

таваллуд / accouchement

вазни зиёдатӣ / excès de poids

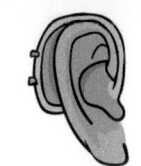		
таҷҳизоти шунавой	моддаи безараргардонӣ	инфексия
appareil auditif	désinfectant	infection

вирус	ВИЧ / СПИД	дору
virus	VIH / Sida	médicament
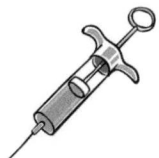	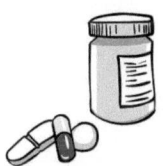	
ваксинатсия	ҳабҳо	ҳаб
vaccination	comprimés	pilule

занги изтирорӣ	монитори фишори хун	бемор/солим
appel d'urgence	tensiomètre	malade / en bonne santé

ҳолати фавқулодда
urgence

Кумак! Au secours !	 ҳушдор alarme	 ҳучум assaut
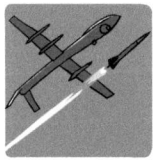 ҳамла attaque	 хатар danger	 баромадгоҳи таҳлиявӣ sortie de secours
Сӯхтор! Au feu !	 оташнишон extincteur	 садама accident
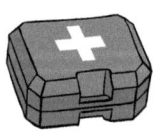 дорукуттӣ trousse de premiers soins	 бонги хатар SOS	 полис police

замин
Terre

Аврупо
Europe

Америкаи Шимолӣ
Amérique du Nord

Америкаи Ҷанубӣ
Amérique du Sud

Африка
Afrique

Осиё
Asie

Австралия
Australie

Уқёнуси Атлантик
océan Atlantique

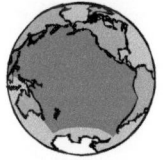

Уқёнуси Ором
océan Pacifique

Уқёнуси Ҳинд
océan Indien

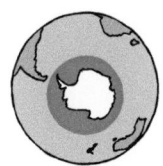

Уқёнуси Антарктика
océan Antarctique

Уқёнуси Арктика
océan Arctique

Қутби шимол
Pôle Nord

Қутби ҷануб
Pôle Sud

Антарктика
Antarctique

замин
Terre

замин
terre

баҳр
mer

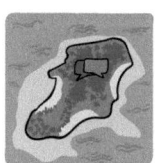

ҷазира
île

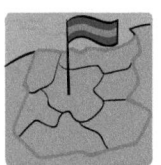

миллат
nation

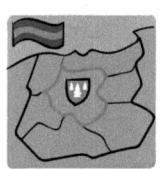

давлат
État

вақт
heure

сиферблат
cadran

ақрабаки соат
aiguille des heures

ақрабаки дақиқашумор
aiguille des minutes

ақрабаки сонияшумор
aiguille des secondes

Соат чанд?
Quelle heure est-il ?

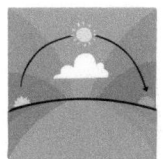
рӯз
jour

замон
temps

ҳозир
maintenant

соати электронӣ
montre à affichage numérique

лаҳза
minute

соат
heure

ҳафта
semaine

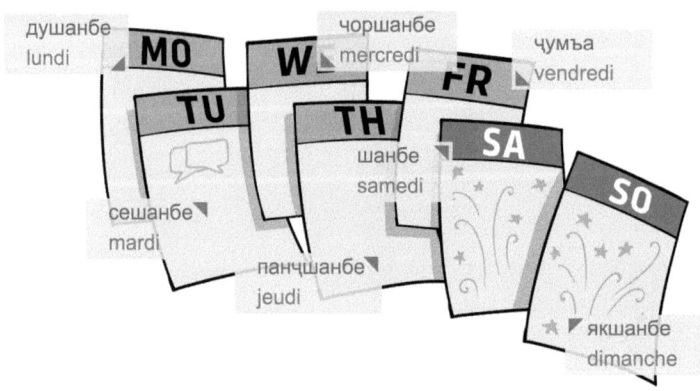

душанбе / lundi
чоршанбе / mercredi
ҷумъа / vendredi
сешанбе / mardi
панҷшанбе / jeudi
шанбе / samedi
якшанбе / dimanche

дирӯз
hier

имрӯз
aujourd'hui

фардо
demain

пагоҳирӯзӣ
matin

нимрӯз
midi

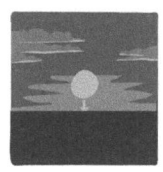

шом
soir

рӯзҳои корӣ
jours ouvrables

истироҳат
fin de semaine

сол

année

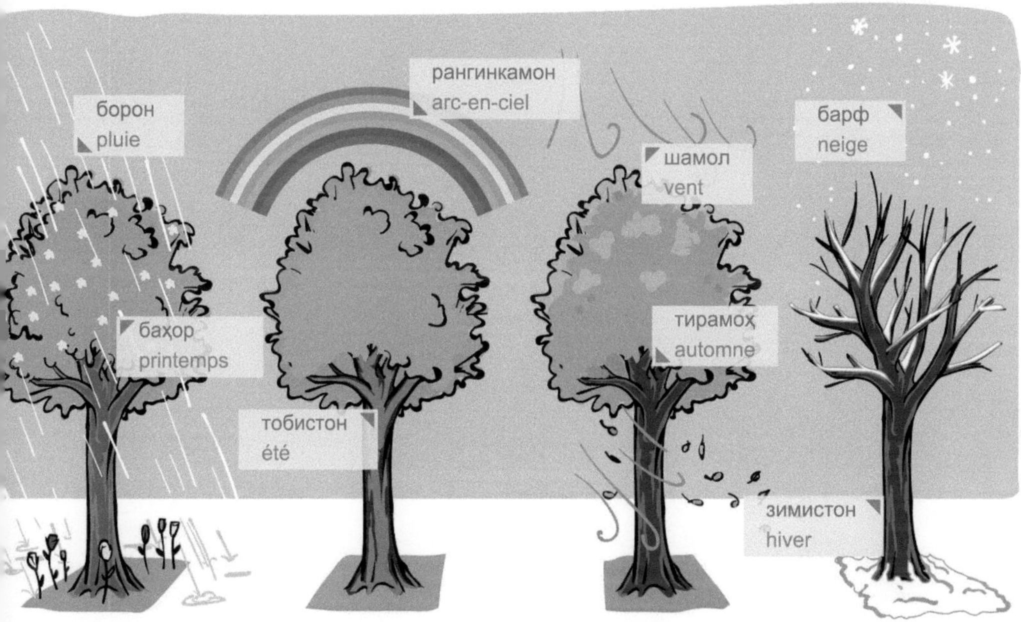

борон
pluie
рангинкамон
arc-en-ciel
шамол
vent
барф
neige
баҳор
printemps
тирамоҳ
automne
тобистон
été
зимистон
hiver

4.APRIL 11°
5.APRIL 4°
6.APRIL 13°
7.APRIL 8°
8.APRIL 10°

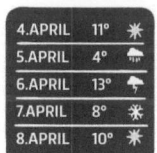

Обу ҳаво

révisions météorologiques

F C
120 40
90 30
60 20
30 10
0 0
-30 -10
-20

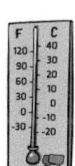

ҳароратсанҷ

thermomètre

равшании офтоб

rayons du soleil

абр

nuage

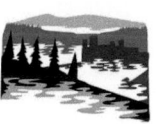

туман

brouillard

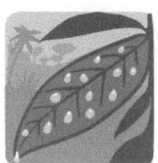

намнок

humidité

барқ
foudre

тундар
tonnerre

тӯфон
tempête

жола
grêle

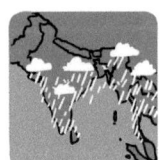
муссон
mousson

обхезӣ
inondation

ях
glace

январ
janvier

феврал
février

март
mars

апрел
avril

май
mai

июн
juin

июл
juillet

август
août

сол - année

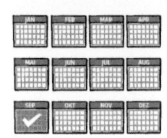
сентябр
septembre

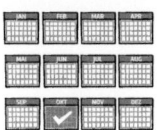
октябр
octobre

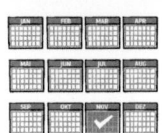
ноябр
novembre

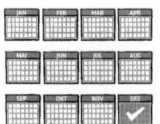
декабр
décembre

баст
formes

давра
cercle

мураббаъ
carré

росткунья
rectangle

секунья
triangle

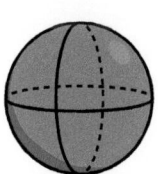
соњаи
sphère

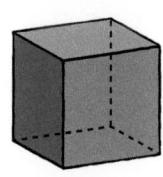
мукааб
cube

рангҳо
couleurs

гулобӣ
blanc

хокистаранг
jaune

зард
orange

бунафшранг
rose

сурх
rouge

қаҳваранг
violet

кабуд
bleu

сиёҳ
vert

кабуд
marron

сафед
gris

сабз
noir

мухолифат
opposés

бисёр/кам — beaucoup / un peu

хашмгин / ором — en colère / calme

зебо/безеб — beau / laid

оғози / охири — début / fin

калон/хурд — grand / petit

дурахшон / торик — lumineux / sombre

бародари / хоҳар — frère / sœur

тоза/чиркин — propre / sale

пурра / нопурра — complet / incomplet

рӯзи / шаб — jour / nuit

мурдагон / зинда — mort / vivant

кушод/танг — large / étroit

хӯрданӣ /
хӯрданашаванда
comestible / non comestible

бад/нек
méchant / gentil

ба ҳаяҷон / дилгир
être enthousiaste /
s'ennuyer

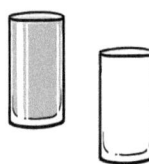

ғавс/борик
gros / mince

якум/охирин
premier / dernier

Дӯсти / душмани
ami / ennemi

пур/холӣ
plein / vide

сахт/мулоим
dur / mou

вазнин/сабук
lourd / léger

гуруснагӣ / ташнагӣ
faim / soif

бемор/солим
malade / en bonne santé

ғайриқонунӣ / ҳуқуқӣ
illégal / légal

соҳибақл / беақл
intelligent / stupide

рост/чап
gauche / droite

наздик/дур
proche / loin

мухолифат - opposés

нави / истифода бурда мешавад
neuf / usagé

ҳеҷ / чизе
rien / quelque chose

пир/ҷавон
vieux / jeune

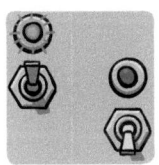

оид / хомӯш
marche / arrêt

кушода/пӯшида
ouvert / fermé

паст/баланд
calme / bruyant

бой/камбағал
riche / pauvre

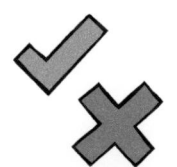

дуруст/нодуруст
correct / incorrect

дурушт/ҳамвор
rugueux / lisse

ғамгин/хушбахт
triste / heureux

кӯтоҳ/дароз
court / long

оҳиста/тез
lent / rapide

тар/хушк
mouillé / sec

гарм / сард
chaud / froid

ҷанг / сулҳ
guerre / paix

мухолифат - opposés

ададҳо
nombres

0 нол — zéro

1 як — un

2 ду — deux

3 се — trois

4 чор — quatre

5 панҷ — cinq

6 шаш — six

7 ҳафт — sept

8 ҳашт — huit

9 нӯҳ — neuf

10 даҳ — dix

11 ёздаҳ — onze

12
дувоздаҳ
douze

13
сенздаҳ
treize

14
чордаҳ
quatorze

15
понздаҳ
quinze

16
шонздаҳ
seize

17
ҳабдаҳ
dix-sept

18
ҳаждаҳ
dix-huit

19
нуздаҳ
dix-neuf

20
бист
vingt

100
сад
cent

1.000
ҳазор
mille

1.000.000
миллион
million

забонҳо
langues

англисӣ
anglais

англисии амрикой
anglais américain

мандарини хитой
chinois mandarin

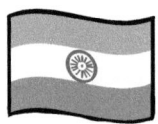

ҳиндӣ
hindi

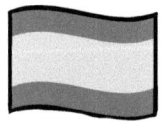

испанӣ
espagnol

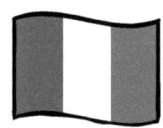

фаронсавӣ
français

арабӣ
arabe

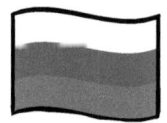

русӣ
russe

португалӣ
portugais

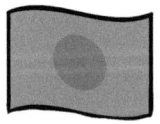

бенгалӣ
bengali

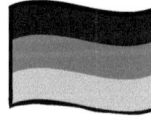

олмонӣ
allemand

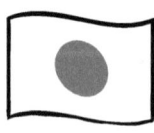

чопонӣ
japonais

ки / чиро / тавр
qui / quoi / comment

ман
je

шумо
tu

Ў / вай / он
il / elle / ce, c', cela

мо
nous

шумо
vous

онҳо
ils / elles

ки?
qui ?

чӣ?
quoi ?

Чӣ хел?
comment ?

дар кучо?
où ?

кай?
quand ?

ном
nom

дар кучо
où

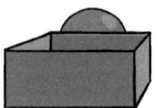

аз паси

derrière

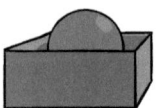

дар

dans

дар пеши

devant

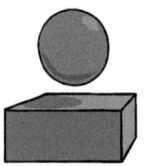

дар болои

au-dessus

дар рӯи

sur

дар зери

en dessous

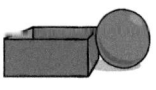

дар назди

à côté de

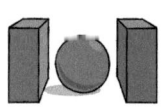

миёни

entre

чой

endroit